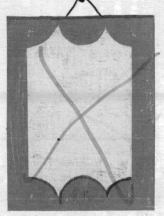

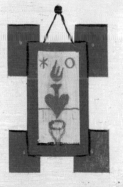

Para mi querido sobrino, August. — MB

*Para Sophie Ella Rogers, que la curiosidad de tus grandes ojos,
tu bondad y alegría sean siempre tu inspiración,
con todo el amor y las bendiciones de tu familia. — JP*

Primera publicación en los Estados Unidos, Gran Bretaña, Canada, Australia, y Nueva Zelanda in 2017
por NorthSouth Books, Inc., casa editora de NordSüd Verlag AG, CH-8050 Zürich, Suiza.
Primera edición de bolsillo, 2019.

Distribuido en los Estados Unidos por NorthSouth Books, Inc., New York 10016.
Hay disponible información de publicación en el catálogo de la Biblioteca del Congreso

ISBN: 978-0-7358-4292-2 (trade)
5 7 9 11 · 10 8 6 4
ISBN: 978-0-7358-4344-8 (paperback)
1 3 5 7 9 · 10 8 6 4 2

Printed in the United States 2020
www.northsouth.com

p. 37, fotografía: "Frida Khalo con Fulang Chang" por Florence Arquin
© Archivo Diego Rivera y Frida Kahlo, Banco de México, Fiduciario en el Fideicomiso Relativo
a los Museos Diego Rivera y Frida Kahlo

FRiDA KAHLO
Y SUS
ANiMALiTOS

Por **Monica Brown**
Ilustrado por **John Parra**
Version en español por **F. Isabel Campoy**

North
South

Esta es la historia de una niña que se llamaba Frida, que llegó a ser una de las pintoras más famosas de su tiempo. Frida era especial.

Ésta, también es la historia de dos changos, un loro, tres perros, dos pavos, un águila, un gato negro y un cervatillo. Eran las mascotas de Frida, y también eran especiales.

Frida tenía un loro llamado Bonito. Igual que su loro, Frida era original. Le gustaba llevar ropa en tonos atrevidos que celebrasen el México indígena de su herencia.

Vivía en una casa de color azul brillante como la pluma de un loro – *La Casa Azul* – donde creció con su mamá, papá y hermanas.

Frida tenía un cervatillo mascota que se llamaba Granizo. Igual que su cervatillo, Frida tenía ojos atentos y preciosos. Cuando Frida cerraba los ojos, se acordaba de su vida cuando era niña.

Frida estaba siempre con su padre, un fotógrafo que la enseñó a mirar al mundo con curiosidad. Frida y su padre iban al parque a coleccionar insectos para mirarlos bajo un microscopio. El padre de Frida también la enseñó a pintar los retoques en sus fotos. A Frida le encantaban los pinceles pequeños y los preciosos colores.

Frida tenía un gato de pelo negro y brillante, igual que su oscuro pelo largo. Frida era juguetona como un gato. Pero de niña, Frida no siempre podía jugar.

Cuando tenía seis años, Frida se puso muy enferma. Estuvo en cama mucho tiempo. Pero la pequeña Frida no se ponía triste o se aburría. Creaba vaho en los cristales con su respiración y entonces con el dedo pintaba una puerta. Frida usaba su gran imaginación y la curiosidad en sus ojos para salir por aquella puerta con una amiga mágica, una niña que bailaba y jugaba ¡como un gatito!

Frida era independiente, ¡como un gato! Su enfermedad hizo que una de sus piernas fuera diferente de la otra y los niños se reían de ella. Pero esto no impidió que Frida pudiera patinar y montar en bicicleta y remar en los lagos del parque de Chapultepec, para que su pierna se pusiera más fuerte. A Frida no le daba miedo hacer cosas que otras niñas no solían hacer – ¡como llevar overoles, boxear y pelear!

Frida tenía dos monos araña – Fulang Chang y Caimito del Guayabal. Como sus changos, Frida podía ser traviesa, ¡incluso cuando ya era adolescente! Cuando Frida tenía 15 años fue a la escuela Preparatoria, y encontró un grupo de amigos a

quienes quería mucho. Como Frida, sus amigos tenían curiosidad por aprender todo lo que podían. Juntos leían, estudiaban, discutían y ¡algunas veces se metían en problemas! Con gorras iguales, pasearon en burro por los pasillos de la Preparatoria haciendo estallar cohetes.

Frida tenía un águila llamada Gertrudis. Como su águila,
la imaginación de Frida podía volar alto.

A los 18 años Frida tuvo un terrible accidente y otra
vez tuvo que quedarse en cama por muchos meses. Esta
vez, Frida no creó una amiga imaginaria – ¡creó arte! Su
madre le creó un caballete especial y colgó un espejo en el
toldo de su cama para que Frida pudiera pintar. Frida usó
su imaginación y la curiosidad de sus ojos para hacer eso
justamente.

"¡Pies, para qué os necesito cuando tengo alas para volar!"

Y por si no eran bastantes mascotas, Frida tenía ¡dos pavos y tres perros –
¡Señor Xolotl, Señorita Capulina y Señora Kosti!

Los pavos de Frida eran inteligentes y sensibles, como ella. Y como
Frida, sus perros eran cálidos y amorosos. Cuando se sentía sola o triste, los
rodeaba con sus brazos y ellos le daban bienestar.

Sus perros Xolos eran de la misma raza que corrían y cazaban con los
aztecas cientos de años antes – y un reflejo de la herencia cultural de Frida,
¡de la que se sentía muy orgullosa! Los perros de Frida no tenían pelo, pero
tenían un cuerpo cálido y Frida les daba unos abrazos bien grandes cada vez
que se sentía sola o triste.

Los animalitos de Frida eran juguetones
y entretenidos, igual que Frida.

Cuando sus dos changos araña se portaban bien,
Frida los ponía en sus brazos como niños. Cuando eran
traviesos le robaban las medias y la fruta y saltaban por
las ventanas ¡para que nadie pudiera agarrarlos!

A su loro, de nombre Bonito, le gustaba acurrucarse bajo las mantas mientras Frida tomaba la siesta, y hacía trucos en la mesa para que le dieran un poco de mantequilla.

Los animalitos de Frida jugaban todo el día en el patio de *La Casa Azul*, la casa de azul brillante de la calle Londres. Su esposo Diego Rivera incluso les construyó una pirámide a los animales ¡para que pudieran subir y deambular libremente!

Cuando Frida pintaba, sus mascotas le hacían compañía. Y Frida pintaba todo el tiempo, mientras cantaban los pájaros, ladraban los perros y los pavos bailaban en el patio.

Los animales de Frida eran sus niños, sus amigos y su inspiración.

Frida pintaba cuando estaba enferma y adolorida y Frida pintaba cuando era feliz. También pintaba cuando Diego estaba fuera y ella estaba triste. Pero Frida nunca estuvo sola en *La Casa Azul*, la casa azul brillante de la calle Londres. Ella tenía a sus animalitos y a sí misma, y eso era lo que pintaba.

Frida se pintó con Fulang Chang jugando con cintas. Se pintó con Bonito, el loro y Señor Xolotl, el perro. También pintó a su gato negro, asomándose sobre su hombro.

Frida se pintó con todas las mascotas que tanto amaba – incluso mariposas y orugas – y sus pinturas eran mágicas.

Y hoy, cuando visitas *La Casa Azul* en Coyoacán, a las afueras de la ciudad de México, quizás puedas oír el canto de un pájaro, o ver a un gato negro saltar desde la pirámide que se levanta en el patio de la casa azul brillante de la calle Londres, donde Frida y sus animalitos vivieron hace muchos años.

MUSEO
FRIDA KAHLO